시팅 불의 손도끼

글 게리 베일리 · 캐런 포스터
그림 레이턴 노이스 · 캐런 래드퍼드
옮김 김석희

밝은미래

글

게리 베일리 캐나다에서 태어나 대학에서 역사학을 공부했으며, 중학교에서 학생들을 가르쳤습니다. 어린이를 위한 교양 도서를 주로 썼으며, 특히 역사와 과학에 관한 것이 많습니다. 지은 책으로 〈고대 문명〉〈동물들도 말을 한다〉〈365일 역사〉 등이 있습니다.

캐런 포스터 대학에서 임상심리학을 공부했습니다. 사람들이 당연하다고 여기는 것을 남달리 생각하기를 좋아합니다. 현재 포틀랜드에 살면서 미국 전역을 여행하는 걸 즐깁니다.

그림

레이턴 노이스 영국 캠버웰 칼리지에서 예술학을 전공하고, 이후 약 70권의 어린이 책에 그림을 그렸습니다. 날마다 더 나은 그림을 그리기 위해 항상 노력하는 일러스트레이터입니다.

캐런 래드퍼드 대학에서 일러스트레이션을 공부했습니다. 언제나 즐겁게 그림을 그리려고 노력하는 일러스트레이터입니다.

옮김

김석희 서울대학교 인문대 불문학과를 졸업하고 대학원 국문학과를 중퇴했으며, 1988년 한국일보 신춘문예에 소설이 당선되어 작가로 데뷔했습니다. 영어·프랑스어·일어를 넘나들면서 〈초원의 집〉 시리즈 〈모비 딕〉〈삼총사〉〈해저 2만 리〉〈로마인 이야기〉〈꽃들에게 희망을〉〈오즈의 마법사〉 〈이상한 나라의 앨리스〉〈하룬과 이야기 바다〉 등 2백여 권을 번역했고, 역자 후기 모음집 〈번역가의 서재〉와 귀향살이 이야기를 엮은 〈이 또한 즐겁지 아니한가〉 등을 펴냈으며, 제1회 한국번역상 대상을 수상했습니다.

그레이트 피플 ❾

시팅 불의 손도끼

초판1쇄 발행 2012년 12월 21일 | 초판3쇄 발행 2016년 10월 31일
펴낸이 도승철 | **펴낸곳** 밝은미래 | **등록** 2005년 5월 2일 (제105-14-87935호) | **주소** 경기도 파주시 회동길 455-2 밝은미래사옥 4층
전화 031-955-9550~3 | **팩스** 031-955-9555 | **홈페이지** http://www.bmirae.com
편집 송재우, 고지숙, 백혜영 | **디자인** 문고은 | **마케팅** 박선정 | **경영지원** 강정희
표지 및 본문 디자인 뭉클
ISBN 978-89-6546-078-7 74990 | 978-89-6546-090-9(세트)

Copyright © 2010 Palm Publishing, LLC All rights reserved.
Korean Translation Copyright © 2012 by Minumin
Korean edition is published by arrangement through EYA.
이 책의 한국어 판 저작권은 (주) 민음인과 독점 계약한 밝은미래에 있습니다.
저작권법에 의해 한국 내에서 보호를 받는 저작물이므로 무단 전재 및 복제를 금합니다. 책값은 뒤표지에 있습니다.

사진 및 자료 : 원저작권사인 Palm Publishing사와의 협의 하에 생략합니다.

차례

러미지 만물상	10
시팅 불	13
젊은 용사	14
서부 개척	17
전사 추장	19
철마	20
골드러시	23
미국 병사들의 침략	24
조지 커스터	26
도주	29
들소의 정령	30
인디언 보호 구역	32
연예인	34
유령 춤	37
추장의 죽음	39
시팅 불의 어록	40
어휘 사전 ｜ 찾아보기	41

러미지 할아버지

골동품 가게 주인이다. 가게에는 저마다 재미난 사연이 얽혀 있는 물건들이 잔뜩 쌓여 있어 호기심을 자극한다.

디그비

보물 수집가 디그비는 토요일마다 러미지 할아버지의 골동품 가게에서 물건을 고르고, 새로 찾아낸 진기한 물건에 얽힌 사연을 듣는다.

한나

디그비의 누나로, 따지기를 좋아하는 열 살짜리 소녀. 러미지 할아버지가 하는 말은 한 마디도 믿지 않는다.

카벙클 대령

고물 지프차의 짐칸에 군복과 훈장, 깃발, 칼, 투구, 포탄, 방독면 따위를 진열해 놓고 판다.

토요일 아침이면 벼룩시장은 와글와글 활기를 띤다. 장사꾼들은 해가 뜨기도 전에 벌써 자리를 잡는다. 사람들이 잠자리에서 일어날 때쯤이면 좌판이 차려지고, 상자가 열리고, 물건들이 꼼꼼하게 진열된다.

시장 곳곳에 물건들이 수북이 쌓여 있다. 벨벳 천 위에는 귀한 브로치와 보석이 박힌 단검이 있다. 그 뒤에는 유명한 인물들의 초상화가 그려진 액자, 반들반들한 천에 장식 술이 달린 등잔, 옛날식 세면대가 있다. 이 세면대에 물을 부으면 금이 간 틈새로 물이 뚝뚝 떨어진다. 온종일 상자 속에서 주인을 기다리는 물건들도 있다. 멋진 무공 훈장이 한 줄로 나란히 걸려 있고, 가죽끈 달린 회중시계가 째깍째깍 소리를 내며, 특별한 날 쓰는 은수저와 포크와 나이프가 반짝반짝 빛을 낸다.

하지만 러미지 할아버지의 가게는 뭔가 좀 다르다.

러미지 만물상에는 아무도 갖고 싶어할 것 같지 않은 온갖 이상한 물건들이 한가득 쌓여 있다.

배가 빵빵한 생쥐 인형을 누가 갖고 싶어할까? 세상에 부러진 주머니칼이나 틀니 한 쌍을 사려는 사람도 있을까?

그런데 러미지 할아버지는 이런 물건들을 모두 갖고 있다. 그리고 여러분도 이미 예상하고 있겠지만, 값도 별로 비싸지 않다!

여덟 살짜리 골동품 수집가 디그비 플랫은 친하게 지내는 러미지 할아버지를 만나러 벼룩시장에 갔다. 토요일이었고, 일주일에 한 번씩 받는 용돈은 거의 바닥나서 주머니에 구멍이 다 뚫릴 지경이었다.

하지만 디그비는 시장에서 파는 아무 물건에나 용돈을 쓸 생각은 없었다. 그건 말도 안되는 일이었다.

여느 때처럼 누나 한나도 함께 갔다. 한나는 러미지 할아버지 가게에 있는 보물들이 진짜 가치가 있는 것인지 남몰래 의심하고 있었다. 한나는 누나답게, 어린 남동생이 '아무짝에도 쓸모없는 엉뚱한 물건'을 또 하나 사지 못하도록 막아야 한다고 생각했다.

러미지 할아버지의 가게로 가던 한나와 디그비는 초록색 지프 한 대가 달려와 멈춰 서는 것을 보았다. 그것은 카벙클 대령의 지프였다. 퇴역 장교인 카벙클 대령은 전쟁 이야기를 러미지 할아버지보다 더 많이 알고 있다. 카벙클 대령은 자가용 지프에 전 세계 여러 나라에서 수집한 전쟁 무기와 군사 유물을 전시해 놓았다.

"누나, 러미지 할아버지네 가게에 가기 전에 대령님이 지프 짐칸에 뭘 숨겨 두었는지 보자."

"잠깐 들여다보기만 해. 그러지 않으면 온종일 여기 있게 될 거야." 한나가 조바심을 내며 말했다.

"안녕하세요, 대령님. 뭐 새로운 물건이라도 있나요?" 디그비가 물었다.

카벙클 대령은 아이들을 보자 꼿꼿이 서서 거수경례를 했다.

"새로운 물건은 없어! 새로운 물건은 하나도 없지만, 오래된 물건이라면 잔뜩 있지!"

"와아, 이것 좀 봐!" 디그비가 막대기 모양의 무기를 짐칸에서 꺼내며 말했다. 막대기 한쪽 끝에는 금속 도끼날이 달렸고, 반대쪽 끝은 담배 파이프와 모양이 비슷했다.

"도대체 저게 뭐죠?" 한나가 물었다.

"저런, 손도끼를 찾아냈구나. 한쪽은 손도끼고 한쪽은 파이프지. 위대한 인디언 추장 시팅 불은 다른 부족 추장들과 모닥불 주위에 둘러앉아 저 파이프로 담배를 피우곤 했단다."

디그비가 조각이 새겨진 나무를 어루만지면서 말했다.

"아름나워요. 러미지 할아버지한테 보여 드려도 돼요?"

시팅 불
Sitting Bull

'시팅 불'이라는 이름으로 알려진 미국 인디언은 1831년 사우스다코타 주를 흐르는 그랜드 강 유역에서 태어났단다. 이 지역은 '저장 땅굴'이라고 불렸는데, 근처에 라코타 족이 판 식량 저장 구덩이가 있어서 그렇게 불렸단다.

시팅 불은 수 족의 추장으로서 풍부한 경험을 바탕으로 사람들에게 조언을 하는 고문 역할을 했어. 그는 수 족을 하나로 통합하기를 꿈 꿨고, 그렇게 하면 남아 있는 인디언 땅을 신성한 유산으로 지킬 수 있을 거라고 생각했지.

그는 모든 부족이 단결하여 인디언 땅을 빼앗아 가는 백인들에게 맞서 싸우자고 호소했어. 하지만 그는 끔찍한 인디언 전쟁이 끝난 뒤, 미국 정부에 항복한 최후의 위대한 전사가 되었단다.

젊은 용사

시팅 불은 어릴 적 빨리 달리지 못해서 느림보라는 뜻의 '훙케스니'라고 불렸단다. 그의 다리는 말의 갈비뼈처럼 바깥쪽으로 구부러져 있었어. 그는 한 번도 걸어 다니는 모습을 보여 주지 않고 늘 말을 타고 있었어.

 시팅 불

어느 날 라코타 족 소년들은 어린 들소를 상대로 사냥을 벌였단다. 그런데 사냥 도중에 훙케스니가 탄 조랑말이 그를 던져 버렸고, 마침 커다란 들소 송아지는 화가 나서 그를 공격했어. 하지만 젊은 용사는 두려워하지 않고 송아지의 두 귀를 잡고 싸웠는데, 송아지가 엉덩방아를 찧을 때까지 뒤로 밀어붙였단다. 그러자 소년들은 외쳤지. "훙케스니가 송아지를 길들였다! 송아지를 주저앉혔다!" 그래서 그는 앉은 소인 '시팅 불'이라고 불리게 되었단다.

수족의 전사

시팅 불이 진정한 지도자가 되려면 용감하다는 것을 증명해야 했단다. 크로 족 전사들과 싸울 때 그에게 첫 번째 기회가 왔어. 작은 충돌이 벌어진 뒤 크로 족은 후퇴했지만, 추장 한 사람이 뒤에 남겨졌단다. 그 추장은 깊은 도랑에 빠져서 달아날 수가 없었어. 시팅 불이 도랑 가장자리까지 달려와서 창으로 공격하려는 순간, 크로 족 추장에게 탄약이 하나도 남아 있지 않다는 것을 알았단다. 추장은 그와 맞서 싸울 수가 없었지.

시팅 불은 적에게 자기 총을 내주면서, 무기도 없는 용사를 죽이지는 않겠다고 선언했단다. 그런 다음 두 번째 공격을 지휘했어. 결국 시팅 불은 적이 쏜 총에 맞아 중상을 입었지만, 그 대신 그의 부하들이 크로 족 추장을 죽이고 승리를 거두었단다.

디그비가 러미지 할아버지의 골동품 가게로 달려오면서 외쳤다.

"보세요, 할아버지. 이것 좀 보세요!"

"아주 멋진 손도끼구나. 어디서 났니?"

"내 차 짐칸에서. 거기서 이 두 녀석이 발견했다네." 카벙클 대령이 말했다.

"대령님은 이게 시팅 불이라는 인디언의 손도끼였대요." 한나가 미심쩍다는 듯이 말했다.

"틀림없이 그랬을 거야." 러미지 할아버지가 말했다. "카벙클, 내가 보기에는 평원 인디언의 의식용 손도끼처럼 보이는군. 그리고 시팅 불이 바로 평원 인디언이었지."

"평원 인디언이 누구예요?" 디그비가 물었다.

"용감한 전사들이란다." 카벙클 대령이 설명했다. "오늘날의 다코타 주와 콜로라도 주, 캔자스 주에 걸쳐 있는 미국의 대평원 지대를 누비고 다닌 전사들이지. 우리 할아버지가 해 준 이야기가 생각나는구나. 우리 할아버지는 인디언 전쟁 때 대평원 지대에 있었기 때문에, 수 족과 샤이엔 족과 아라파호 족 같은 훌륭한 부족들에 대해 자주 얘기해 주셨단다. 그 중에서 수 족이 가장 강력했지. 어쨌든 우리 할아버지는 그렇게 말씀하셨어. 그리고 시팅 불은 수 족에 딸린 '훙크파파'라는 작은 부족에 속해 있었지."

"수 족은 들소를 사냥한 인디언이잖아요?" 한나가 아는 체하며 물었다.

"맞아. 수백 년 동안 시팅 불의 부족은 들소 고기와 가죽에 기대 살아 왔지. 그 부족은 새 목초지를 찾아 평원을 헤매는 들소 떼를 따라다녔어." 러미지 할아버지가 말했다.

"저는 카우보이와 인디언이 싸우는 영화를 본 적이 있어요. 그들이 싸우면 항상 카우보이들이 이겨요. 그게 대령님이 말씀하신 인디언 전쟁인가요?" 한나가 말했다.

그러자 카벙클 대령이 얼굴을 찌푸리며 대답했다.

"천만에. 그 영화들은 사실을 말하고 있지 않아. 인디언 전쟁은 피비린내 나는 끔찍한 사건이었지. 그리고 전쟁은 미국 백인들한테 유리하게 진행되지 않았어."

"백인들이 졌다는 말씀이세요?" 디그비가 물었다.

러미지 할아버지는 대령을 쳐다보았다.

"그런 건 아니야. 백인이 지지는 않았어!"

"그럼 무슨 일이 일어났는데요?" 한나가 물었다.

러미지 할아버지가 이야기를 시작했다.

"백인이 오기 전 지금의 미국 땅이 인디언 땅이었다는 걸 명심해야 돼. 인디언은 들소를 필요한 만큼만 사냥하면서 소박한 생활을 즐겼단다. 그래서 수 족을 비롯한 평원 인디언 부족들은 사냥터가 없으면 살아남을 수가 없었어."

그때 카벙클 대령이 덧붙였다.

"하지만 백인 개척자들은 그렇게 생각지 않았지. 많은 사람들이 인디언을 미개한 야만인으로 생각했어. 개척자들은 서쪽으로 이동하면서 인디언의 땅을 강제로 빼앗거나, 권리를 양도하는 서류에 서명하게 했단다."

한나는 생각에 잠긴 표정을 지었다.

"하지만 시팅 불의 부족은 뭘 했어요? 살 곳도 없고 사냥할 들소도 없으면 모두 죽을 텐데."

"살기 위해서는 싸울 수밖에 없었지." 카벙클 대령이 말했다.

서부 개척

초기 개척자들이 태평양을 향해 서부로 나아가면서, 새로 발견한 땅에는 다양한 부류의 사람들이 정착해 갔어. 빠른 속도로 팽창한 미국은 모피 상인, 카우보이, 금광 투기꾼, 기병들, 무법자들의 시대가 되었지. 그들이 번영할수록 원주민인 인디언들은 값비싼 대가를 치러야 했어. 많은 부족이 전멸했고, 인디언의 생활 방식은 빠르게 사라져 갔단다.

깨진 약속

일부 부족은 백인 개척자들과 싸워서 백인들을 몰아내려고 했지만, 백인의 무기와 군대를 당해낼 수는 없었단다. 미국 정부는 대신 다른 땅을 주겠다고 약속했지만 의미가 없었어. 그 땅도 원래는 인디언의 땅이었고, 약속도 대부분 깨져 버렸거든. 특히 인디언 부족의 땅에서 금이 발견되면 약속은 어김없이 깨지고 말았지.

군대 요새가 세워지고, 무기를 실은 마차 행렬이 병사들의 보호를 받으며 인디언의 영토를 지나갔단다. 인디언은 그 병사들을 '푸른 외투'라고 불렀어.

샌드 크리크 학살

샤이엔 족 추장 '블랙 케틀'이 링컨 대통령을 방문했을 때 그는 커다란 미국 국기를 받았단다. 국기가 그의 머리 위에서 나부끼는 한, 어떤 미국 병사도 그에게 총을 쏘지 않을 거라는 약속도 받았지. 블랙 케틀은 백인들과 평화 조약을 맺고, 샌드 크리크의 인디언 보호 구역에 머물기로 했단다. 그는 자신이 안전하다고 생각했어.

하지만 1864년 11월 29일 새벽 치빙턴 대령이 이끄는 콜로라도 의용군이 샌드 크리크로 몰려와 샤이엔 족을 수백 명이나 죽였단다. 이처럼 백인들이 약속을 번번이 어기고 인디언을 너무나 많이 죽였기 때문에 인디언들은 더 이상 미국 병사들을 믿지 않았단다.

"인디언 추장은 무척 힘들었을 거예요. 정말 굳세고 다부져야 할 거예요." 디그비가 말했다.

"물론 굳세고 다부져야 했어. 하지만 그것만으로는 부족했지. 용기와 행동으로 젊은 용사들의 존경을 받는 사람만이 지도자가 될 수 있었단다. 그리고 추장은 현명해야 했어. 추장은 언제나 부족의 대변자였지." 러미지 할아버지가 말했다.

"시팅 불은 그런 자질을 모두 갖추고 있었단다. 시팅 불은 용감했고, 타고난 지도자였고, 현명한 조언자였어." 카벙클 대령이 덧붙여 말했다.

"또 시팅 불은 친절하고 온화한 사람이기도 했어." 러미지 할아버지가 말했다.

"결혼했나요? 애들도 있었어요?" 한나가 궁금해서 물었다.

"물론이지. 일부 개척자들에 따르면 시팅 불은 훌륭한 아버지이자 남편이었대." 러미지 할아버지가 계속 말했다. "시팅 불에게는 '크로 푸트'라는 아들과 딸도 하나 있었지. 시팅 불이 너희 두 녀석을 뭐라고 불렀을지는 나도 모르겠다만!"

"시팅 불은 널 '작은 숲쥐'라고 불렀을 거야." 한나가 동생을 놀렸다.

"누나는 '작은 수다쟁이'라고 불렀을 거야." 디그비가 대꾸했다.

"시팅 불은 너희 둘 다 '버릇없는 꼬맹이'라고 불렀을 거야." 러미지 할아버지가 싱긋 웃으면서 말했다.

전사 추장

1867년 시팅 불의 아버지 '포 혼'은 아들을 수 족 추장으로 임명하고, 이렇게 말했어. '수 족이 잘 먹고 풍족하게 지내도록 신경을 쓰는 것이 네 임무다. 네가 '싸우라'고 말하면 우리는 싸울 것이고, 네가 '화해하라'고 말하면 우리는 화해할 것이다.'라고 말했단다. 포 혼은 시팅 불에게 검은색과 흰색의 독수리 깃털이 달린 전쟁 모자를 주었어. 깃털 하나하나는 부족 최고 전사들의 용감함을 상징한단다.

래러미 요새 협약

평원 인디언 부족들은 1851년 래러미 요새 협약을 맺을 때, 자기네 땅을 넘겨주는 것이 아니라 정부가 도로와 요새를 짓는 데 동의했을 뿐이라고 믿었단다. 하지만 10년 뒤 미국인들은 그보다 훨씬 많은 것을 지었고, 더 많은 땅과 또 다른 협약을 요구했어. 이 협약에 일부 추장은 동의했지만, 시팅 불을 포함한 나머지 추장은 동의하지 않았어. 젊은 인디언들은 화가 나서 백인 개척자들의 야영지를 습격하고 요새를 공격했어. 싸우느냐 굶어 죽느냐, 둘 중 하나를 선택해야 했던 거야. 이때 시팅 불은 이렇게 말했단다.
"형제들이여, 우리는 굴복할 것인가? 아니면 '나를 먼저 죽이기 전에는 조상 대대로 내려온 우리 땅을 빼앗아 가지 못할 것이다'라고 저들에게 말할 것인가?"

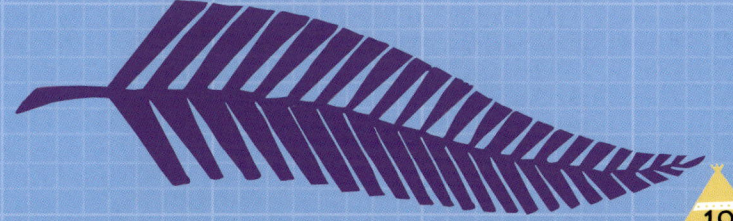

 # 철마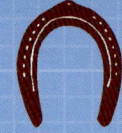

선로가 땡그랑거리며 깔리는 소리, 기관차가 쉭쉭거리며 증기를 내뿜는 소리가 대평원의 평화를 깨뜨렸단다. 백인들은 철도를 '진보'로 생각한 반면, 인디언들은 철도를 '위협'으로 생각했어. 철도가 훨씬 많은 백인 개척자와 투기꾼들을 서부로 데려왔기 때문이야. 불행히도 철도는 아무도 통제할 수 없는 변화를 낳았어. '철마'는 전혀 다른 두 가지 생활 방식의 충돌을 상징하게 되었단다.

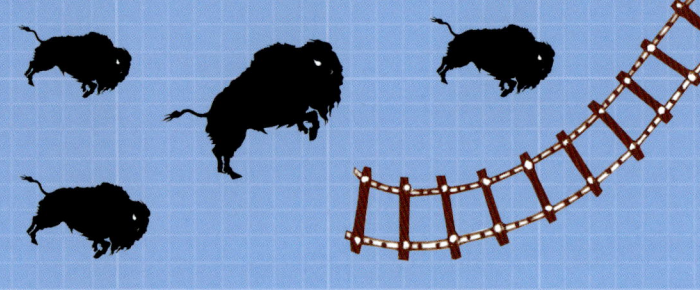

옐로스톤 전투

병사들이 철도 노동자들을 보호하고 있었던 옐로스톤 강에서 벌어진 전투는 시팅 불의 진정한 용기를 보여 준 또 하나의 전투였단다. 그는 네 명의 용사를 이끌고 선로 사이의 한 지점으로 침착하게 나아갔어. 사방에서 총알이 핑핑 소리를 내며 빗발치듯 날아왔지만, 그들은 그곳에 앉아 침착하게 담배를 나누어 피웠어. 담배를 다 피우자 시팅 불은 곰방대를 깨끗이 청소했고, 다섯 명의 전사는 자리에서 일어나 태연한 걸음으로 그곳을 떠났단다. 일종의 평화 시위였던 셈이야.

노래하는 철도

1868년 '북태평양 철도 회사'는 래러미 협약을 깨고 인디언 땅에 선로를 깔았어. 철도 노동자들이 옐로스톤 강 계곡을 측량하기 시작하자 수 족은 그들을 공격했단다. 샤이엔 족과 아라파호 족 같은 다른 부족도 전사들을 파견하고 선로를 끊는 방법으로 자기네 땅을 지키려고 했지. 인디언들은 귀를 선로에 대어 기차 오는 소리를 알아챈 다음 기차를 공격했단다.

"시팅 불은 백인의 생활 방식을 좋아하지 않았고, 자기 부족이 음주 같은 나쁜 습관에 물드는 것도 바라지 않았단다. 길이 뚫리고 전봇대가 세워지는 것도 좋아하지 않았어." 러미지 할아버지가 말했다.

"철마도 잊으면 안 되지." 카벙클 대령이 덧붙여 말했다.

"철마라고요? 그게 뭐예요?" 디그비가 외쳤다.

"기차를 말하는 거란다. 기차는 쇠로 만든 말처럼 숨을 헐떡거리며 입김을 내뿜었기 때문에, 인디언들은 기차를 '철마'라고 불렀지."

"시팅 불 부족이 기차를 처음 보았을 때 어떻게 생각했을지 상상이 돼요. 분명 많이 놀라고 겁먹었을 거예요." 한나가 말했다.

"기차는 미국의 얼굴을 바꾸어 놓았지." 러미지 할아버지가 말을 이었다. "기차는 점점 더 많은 개척자를 서부로 데려왔고, 들소 떼를 죽였거든."

"기차가 들소들을 치었다는 말씀이세요?" 디그비가 끼어들었다.

"때로는 치기도 했겠지. 하지만 그것보다 수백 명의 철도 노동자를 먹이기 위해 많은 들소를 죽였고, 재미 삼아 사냥을 하기도 했단다. 기차가 증기를 내뿜으며 평원을 가로지를 때, 객차 창문으로 사람들이 들소를 향해 총을 쏘아 대는 광경을 상상해 보렴. 그건 파괴적이고 이기적인 행동이었어."

"개척자들은 왜 수 족의 땅을 침입해서 길을 냈나요? 인디언 땅을 가로지르지 말고 빙 돌아서 길을 낼 수도 있었잖아요. 그게 상식일 것 같은데." 한나가 말했다.

"개척자들은 문제의 일부분일 뿐이었어. '저 산에 금이 있다'는 말을 들은 금광 투기꾼들이 몰려와서 상황이 정말로 나빠졌지." 카벙클 대령이 말했다.

"다코타 주의 블랙 힐스라는 산이었는데, 그곳은 단순히 땅속에 금이 들어 있는 산지가 아니라 특별한 곳이었어." 러미지 할아버지가 말했다.

"어떻게 특별했는데요? 유령이라도 붙어 있었나요?" 디그비가 물었다.

"그렇다고 할 수 있지. 그곳에 유령이 있었어." 카벙클 대령이 말했다.

"와아! 진짜 유령인가요?"

"대령님 말씀은 그 산지가 평원 인디언에게는 신성한 곳이었다는 뜻이야. 평원 인디언들은 그 산지가 '위대한 정령'이 만든 세계의 중심이라고 생각했거든." 러미지 할아버지가 설명했다.

골드러시

1874년 커스터 장군은 병사들을 이끌고 다코타 주의 블랙 힐스로 들어갔어. 그는 그곳에서 금을 발견했다고 보고했지. 그러자 미국 정부는 그 땅을 사려고 했고, 수 족은 블랙 힐스를 신성한 곳으로 여겼기 때문에 팔 수 없었어. 그래도 금광 투기꾼들은 단념하지 않았단다. 산지에 금이 있다는 생각은 백인 개척자들을 흥분시켰고, 곧 골드러시가 시작되었단다.

광산촌

캘리포니아, 오스트레일리아, 브라질, 영국에서 사람들이 행운을 꿈꾸며 블랙 힐스로 몰려들었어. 1876년 광부들을 비롯한 사람들이 이곳으로 몰려들자 데드우드 시가 세워졌단다. 광산 주변에 마을들이 생겨났고, 백인 광부와 투기꾼들은 인디언의 재산을 훔치고, 인디언을 공격하는 등 제멋대로 날뛰었단다.

화이트 강에서 열린 회담

1875년 미국 관리들은 화이트 강에서 수 족을 비롯한 여러 부족 추장들과 회담을 열었어. 그들은 인디언과 쉽게 협정을 맺고 블랙 힐스의 영유권을 차지할 수 있을 거라고 생각했지. 하지만 시팅 불을 비롯한 추장들은 미국 관리들의 말에 귀를 기울이면서도 끝내 양보하지 않았단다. 미국 관리들은 빈손으로 워싱턴에 돌아갈 수밖에 없었지. 회담 직후, 모든 평원 인디언은 정부가 보호하는 '인디언 보호 구역'으로 이주하라는 명령을 받았어. 하지만 시팅 불은 꿈쩍도 하지 않았어. 이것은 사실상의 선전 포고였단다!

"시팅 불은 정말로 화가 났겠군요. 그 많은 광부들이 인디언의 신성한 땅을 빼앗았으니까 말이에요." 디그비가 말했다.

"그래. 시팅 불은 무슨 방법을 취해야 했지. 그래서 부족 회의를 열고 태양 춤 의식을 이끌었단다. 태양 춤은 해마다 '위대한 정령'인 와칸 탕카한테 기도를 바치는 의식이야. 그 자리에서 시팅 불은 자신의 환상을 이야기했지."

"그게 뭔데요? 왠지 으스스한 꿈처럼 들리는데요." 한나가 물었다.

"그래. 수 족은 허기 때문에 정신이 몽롱한 상태에서 그런 환상을 보기 위해 자주 단식을 했단다. 환상은 대개 전투에 관한 것이었지. 시팅 불은 미국 병사들이 인디언 야영지로 떨어지는 환상을 보았어. 하늘에서 떨어지는 메뚜기들처럼 말이야."

 미국 병사들의 침략

인디언 보호 구역에서 살라는 정부의 명령을 따른 인디언은 그리 많지 않았어. 1876년 3월 크룩 장군이 지휘하는 미군은 리틀파우더 강 근처에서 야영하고 있던 샤이엔 족과 수 족을 공격했단다. 그들은 인디언의 천막을 불태우고 말을 훔치고 식량을 파괴했어. 인디언은 대부분 도망쳤다가, 그날 밤 미군 야영지로 몰래 돌아와 자기네 말을 다시 훔쳤어. 그들은 수 족 추장 중 하나인 '크레이지 호스'의 마을로 가서 열렬한 환영을 받았단다. 그리고 수 족 추장은 부하들에게 전투 준비를 시켰지.

로즈버드 전투

샤이엔 족은 미국 병사들이 로즈버드 강 계곡에서 야영하고 있는 것을 보았을 때, 크룩 장군이 공격하러 오는 것을 알아챘어. 그래서 시팅 불과 크레이지 호스와 '투 문'은 1천 명의 수 족과 샤이엔 족 전사들을 이끌고 미군 야영지로 쳐들어갔단다.

이 전투에서 크레이지 호스는 눈부시게 활약했어. 그는 미국 병사들이 싸우는 방식을 연구하면 그들을 무찌를 수 있다는 것을 알았냈던 거야. 크룩 장군이 부하들에게 공격 명령을 내리자, 크레이지 호스는 미국 병사들을 혼란에 빠뜨리고 분열시켜 결국 승리를 거두었단다. 이튿날 아침, 샤이엔 족 정찰대는 미국 병사들이 남쪽으로 철수한 것을 확인했어. 푸른 외투를 입은 병사들이 패배한다는 시팅 불의 환상이 실현된 거야.

시팅 불의 태양 춤

날씨가 따뜻해지자 라코타 족과 샤이엔 족, 아라파호 족과 그 밖의 부족들은 로즈버드 강변에 있는 시팅 불의 야영지에 모여 연례적인 태양 춤 의식을 거행했어. 시팅 불은 사흘 동안 춤을 추고, 칼로 두 팔에 깊은 상처를 내고, 무아지경에 빠질 때까지 태양을 응시했단다. 신들린 상태에서 깨어난 시팅 불은 무아지경에서 본 기묘한 환상을 사람들에게 말해 주었어. 그는 푸른 외투를 입은 병사들이 머리는 아래로 향하고 모자는 벗겨진 채 메뚜기처럼 하늘에서 떨어지는 것을 보았단다. 병사들은 모두 인디언 야영지로 곧장 떨어지는 것처럼 보였지.

"시팅 불의 전사들은 병사들을 쫓아가서 모조리 죽였나요?" 한나가 조금 겁먹은 목소리로 물었다.

"아니야. 미국 병사들이 달아나는 동안 시팅 불은 수족을 이끌고 리틀 빅혼 강변의 새로운 야영지로 갔단다. 리틀 빅혼은 미국에서 가장 유명한 강이야, 정말 그렇지." 카벙클 대령이 말했다.

"어쨌든……" 카벙클 대령이 말을 이었다. "수 족은 시팅 불을 따라 인디언 보호 구역을 떠난 다른 부족들과 리틀 빅혼에서 합류했지. 인디언 전사는 통틀어 1만 명에 이르렀단다. 이때 시팅 불은 조지 커스터 중령의 제7기병대가 오고 있다는 것을 몰랐지. 장발의 커스터 중령은 마지막 저항을 하려는 참이었어."

조지 커스터

조지 커스터는 길게 드리워진 머리카락과 늘어진 콧수염을 기른 씩씩한 육군 장교였어. 그는 남북 전쟁 때 명성을 얻었고, 성급한 젊은 장교로 알려졌단다.

1867년 11월 그는 '푸른 외투' 부대를 이끌고 위치토 강에 있는 블랙 케틀 추장의 평화로운 야영지로 쳐들어갔단다. 새벽에 시작된 공격은 인디언들의 허를 찔렀지. 백 명의 인디언이 살해되고, 오십 명의 여자와 어린이가 포로로 붙잡혔어. 조지 커스터는 인디언의 조랑말 팔백 마리를 쏘아 죽이고 야영지를 불태웠단다. 그것은 4년 전에 일어난 샌드 크리크 학살만큼 끔찍한 일이었지.

조지 커스터의 마지막 저항

하지만 조지 커스터의 승리는 그리 오래가지 않았어. 시팅 불의 야영지를 파괴한 게 마지막 공격이었단다. 조지 커스터는 강을 건너 남쪽에서 공격하라고 부하들에게 명령했어. 그곳에는 시팅 불의 훙크파파 족과 블랙푸트 족이 야영하고 있었지.

이때 인디언 파수꾼들이 경보를 울리자, 오글라라 족과 미네콘주 족 전사들이 말을 타고 시팅 불을 도우러 달려갔단다. 조지 커스터의 부하들이 총을 쏘아 댔지만, 샤이엔 족까지 참여하면서 인디언들은 곧 구름처럼 피어오르는 흙먼지와 연기와 혼란 속에서 미군을 밀어내기 시작했단다.

한편 조지 커스터의 나머지 부하들은 언덕 뒤에서 다가오고 있었어. 그런데 그들은 협곡에 숨어 있는 수백 명의 인디언 전사를 보지 못했어. 인디언 전사들은 벌 떼처럼 몰려나와 미군을 공격했지. 제7기병대는 이길 가능성이 없었단다. 조지 커스터를 포함하여 전원이 목숨을 잃었거든.

"시팅 불은 어떻게 됐어요? 시팅 불은 그 전투에서 살아남았나요?" 디그비가 물었다.

"그래. 하지만 미국 정부는 격분했어. 조지 커스터 대령과 기병대를 죽인 인디언들은 처벌해야 한다고 생각했지." 러미지 할아버지가 말했다.

"그건 좀 지나친데요. 먼저 공격한 쪽은 미군이니까요." 한나가 말했다.

"그래. 하지만 미군은 곧 그 지역에 다시 모여서 인디언 부족들을 추적하기 시작했단다. 그래서 시팅 불과 그의 부족은 빅혼 산맥을 지나 캐나다 국경 너머로 달아났지. 캐나다로 가면 안전할 거라고 생각한 거야."

"시팅 불은 전투에서는 이겼지만 고향을 잃은 셈이군요." 디그비가 슬픈 얼굴로 말했다.

"그래. 공평한 방법은 아니었어. 미국은 시팅 불이 돌아와서 인디언 보호 구역에서 평화롭게 살면 용서해 주기로 결정했는데, 시팅 불은 여러 번 그 제의를 거절했어." 카벙클 대령이 말했다.

"시팅 불은 백인이 약속을 지키지 않는다고 생각했을 거예요." 한나가 말했다.

"맞아. 시팅 불이 마침내 항복할 수밖에 없었던 날은 정말 슬펐어. 시팅 불은 총과 손도끼를 넘겨주었단다. 그 손도끼가 어쩌면 네가 들고 있는 그 도끼인지도 몰라. 위대한 추장은 아들에게 '미국인의 친구'가 되도록 가르치겠다고 약속했지. 시팅 불은 자기가 미국 정부에 투항한 최후의 수 족으로 기억되기를 원했어."

"시팅 불은 정말로 그랬단다. 정말로 그랬어." 카벙클 대령이 우울하게 덧붙였다.

 # 도주

푸른 외투 부대가 뒤를 바싹 쫓아오자, 시팅 불과 훙크파파 족은 북쪽으로 달아났단다. 한편 미국 정부는 수 족의 영토 안에 있는 모든 인디언 보호 구역을 관리하고, 그곳에 사는 모든 인디언을 전쟁 포로처럼 대했어. 추장들은 블랙 힐스 산지와 파우더 강 유역을 미국에 넘겨준다는 서류에 강제로 서명해야 했단다.

새로운 거처

시팅 불은 미국 정부에 항복하기를 거부했단다. 그래서 미국과 가까운 캐나다에서 안전한 거처를 찾아야 했지. 1877년 5월 전쟁에 지친 시팅 불과 훙크파파 족은 국경을 넘어 캐나다에 정착하기로 결정했어. 시팅 불은 법률을 지키기만 한다면 언제까지나 그곳에 머물러도 좋다는 말을 들었단다.

굶주림

하지만 캐나다 정부도 시팅 불이 캐나다에 사는 것을 진심으로 바라지 않았단다. 그들은 시팅 불이 조만간 말썽을 일으킬 거라고 생각했어. 그래서 캐나다 정부는 훙크파파 족에게 음식과 옷을 주지 않았단다. 겨울이 닥쳐오자 그들은 혹독한 추위 속에서 굶주려야 했지.

시팅 불은 쿠아펠 계곡에 있는 르블레 선교회의 위고나르 신부가 밀가루를 사들였다는 말을 들었어. 시팅 불은 나바호 족의 아름다운 담요를 신부에게 보여 주면서 "이걸 얼마에 사시겠소?" 하고 물었단다. 하지만 밀가루와 담요의 거래는 이루어지지 않았어. 평원에는 사냥할 들소가 남아 있지 않았고, 시팅 불은 부족민을 구해야 하는 어려움에 놓였단다.

마침내 투항하다

1881년 걱정과 고난에 지친 시팅 불은 마침내 항복하고 몬태나 주의 뷰퍼드 요새에 가서 투항하기로 했어. 그는 무거운 마음으로 자신의 자유를 포기하고, 인디언 보호 구역에 머무르기로 동의했단다.

들소의 정령

평원 인디언들은 대지를 존중하고 들소를 존경했단다. 그들은 '위대한 정령'이 들소를 창조했고, 들소들도 땅에 대해 인간과 똑같은 권리를 갖는다고 믿었지. 또 그들은 들소의 정령이 자식을 많이 낳도록 도와주고 병자를 치료해 준다고 믿었단다. 인디언이 가장 존경하는 동물은 하얀 들소였는데, 백색증 때문에 생겨나는 이 희귀한 들소를 신성한 지도자라고 믿었단다.

들소 의식

들소는 평원 인디언에게 생명을 주었고, 여러 부족이 들소 떼를 부르는 의식을 거행했단다. 이 의식에는 신성한 들소 두개골, 들소 모양의 돌, 들소의 위에서 나온 털뭉치 등이 사용됐지. 사냥꾼들은 짐승을 잡으면 언제나 정령들에게 감사의 뜻을 나타냈단다.

들소 떼를 따라서

수백 년 동안 들소 떼는 캐나다와 미국의 드넓은 평원을 돌아다녔단다. 한때는 수가 너무 많아서 아주 쉽게 볼 수 있을 정도였지. 들소 떼가 평원을 달리는 발굽 소리는 멀리서 들리는 천둥 소리와 비슷했기 때문에 인디언들은 들소 떼를 '평원의 천둥'이라고 불렀단다.

백인들의 들소 사냥

백인은 평원 인디언이 들소를 사냥하는 방식을 바꾸어 놓았어. 그들은 걸어 다니면서 사냥하는 게 아니라 빠른 말을 타고 다니면서 총으로 들소를 쏘아 죽였단다. 백인에게 들소 사냥은 미개한 서부의 위험과 모험을 의미했지. 인디언들이 백인의 정착을 방해했기 때문에 미국 정부는 적대적인 부족을 통제하는 수단으로 들소 사냥을 적극적으로 부추겼단다. 정부는 전문 사냥꾼을 고용하여 들소를 죽이기까지 했어. 그러자 평원에는 들소가 거의 남지 않게 되었단다.

   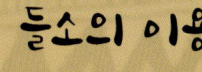

들소의 이용

인디언은 들소의 모든 것을 이용했고, 아무것도 버리지 않았단다. 가죽으로는 천막과 옷, 안장과 방패를 만들었어. 고기는 말려서 일 년 내내 먹었고, 기름은 등잔을 켜는 데 사용했지. 털은 밧줄을 만드는 데 사용했고, 피는 전쟁터에 나갈 때 얼굴과 몸에 바르는 물감으로 사용했어. 뿔과 뼈는 연장을 만드는 데 사용했단다. 갈비뼈는 겨울에 사용하는 썰매와 설피가 되었고, 위는 음식을 저장하는 통으로 쓰였으며, 똥은 땔감이 되었단다.

 인디언 보호 구역

정부는 인디언의 땅을 빼앗는 대신, 인디언이 원한다면 언제까지나 살 수 있는 인디언 보호 구역를 주었단다. 인디언 부족들은 인디언 보호 구역에 머무는 동안 필요한 식량과 생필품을 공급받을 수 있었지.

처음엔 인디언 보호 구역을 떠나 들소를 사냥하는 것이 허용되었지만, 법이 바뀌어서 인디언 보호 구역 밖으로 나갔다가 붙잡히면 적대적인 인디언으로 몰려서 총살당할 수 있었단다. 이 제도는 부당했어. 인디언들은 자유와 존엄성만 잃은 것이 아니라 때로는 삶의 의지까지 잃게 된 거야.

선교사와 정부 관리들은 인디언 문화를 없애 버리고 싶어했어. 그래서 많은 인디언 아이들이 부모 곁을 떠나 백인 학교에 다녀야 했단다. 이렇게 하면 아이들이 조상 대대로 내려온 옛날 방식에 영향을 받지 않을 거라고 생각했던 거야.

▲ 스탠딩록 인디언 보호 구역의 배지란다.

▲ 인디언 아이들은 교복을 입어야 했어.

"인디언들은 왜 인디언 보호 구역에서 사는 것을 그렇게 싫어했나요?" 디그비가 물었다.

"그건 자유를 잃는 것을 의미했으니까. 자유를 잃는 것을 좋아하는 사람은 아무도 없어. 인디언들은 평원을 돌아다니며 들소를 사냥하는 데 익숙해져 있었고, 그 일을 계속하고 싶어했어." 카벙클 대령이 말했다.

"그뿐만 아니라 인디언 보호 구역은 점점 작아지고 있었어." 러미지 할아버지가 덧붙여 말했다. "어떤 부족은 사냥도 할 수 없는 쓸모없는 땅에서 살아야 했지. 그래서 그들은 미국 정부가 주는 물품에 기댈 수밖에 없었단다. 그것은 인디언 생활 방식의 슬픈 종말이었어."

"시팅 불조차 결국에는 인디언 보호 구역으로 돌아올 수밖에 없었군요." 한나가 말했다.

"그래. 시팅 불은 블랙 힐스 근처를 흐르는 리틀 미주리 강으로 돌려보내 달라고 요구했지만, 미국 정부는 시팅 불을 감시할 수 있는 곳에 놓아두고 싶어했어. 그래서 사우스다코타 주의 스탠딩록 인디언 보호 구역으로 시팅 불을 보냈지. 나중에 시팅 불을 강 하류의 랜들 요새로 옮겨서 포로로 삼았단다. 시팅 불과 훙크파파 족은 2년 동안 그 요새에 포로로 잡혀 있었지."

"정말 너무 심하군요. 미국은 부끄럽게 생각해야 해요." 한나가 화난 표정으로 말했다.

"나중에는 많은 사람이 부끄럽게 여겼지. 하지만 그런 일이 일어나기 전에 생활 환경은 꾸준히 나빠졌단다. 시팅 불은 결국 석방되었지만, 밭에서 일해야 했어. 밭은 자존심이 강한 수 족한테 어울리는 곳이 아니었어. 수 족의 추장들 중에서도 가장 위대한 추장한테는 말할 것도 없었지."

"시팅 불은 버펄로 빌의 '와일드 웨스트 쇼'에 들어가지 않았나요?" 한나가 물었다.

"들어갔지. 시팅 불은 관객을 끌어 모으는 인기 스타였단다." 러미지 할아버지가 대답했다.

"와아! 시팅 불은 그걸 좋아했을 거예요. 나도 그럴 거예요." 디그비가 흥분한 목소리로 말했다.

"설마 그럴 리가. 시팅 불은 위대한 추장이었어. 여왕님이 왕실 연극에 출연하는 걸 너는 상상할 수 있겠니? 시팅 불은 싫어했을 거야." 한나가 얼굴을 찡그렸다.

"네 말이 맞을지도 몰라." 카벙클 대령이 말했다.

"시팅 불은 백인의 생활 방식에 충격을 받았을 거야." 러미지 할아버지가 덧붙여 말했다. "특히 도시에서 본 가난과 무관심에 충격을 받았겠지. 언젠가 시팅 불은 유명한 여자 카우보이 명사수 애니 오클리한테 '백인은 모든 것을 만드는 법은 알고 있지만, 그것을 나누어 갖는 법은 모른다'고 말한 적이 있단다."

 ## 연예인

버펄로 빌 코디가 이끄는 와일드 웨스트 쇼는 카우보이나 인디언의 곡예를 보여 주는 쇼였어. 과녁에 명중시키는 정확한 사격, 경마, 로데오 경기로 이루어져 있었지. 시팅 불은 전쟁 모자를 쓰고 전사 복장을 입고, 조지 커스터의 '마지막 저항'을 비롯하여 그가 실제로 참가한 전투 장면을 재현했단다. 실제로 다른 점은 버펄로 빌이 말을 타고 들어와서 조지 커스터를 위기에서 구해 내고 막판에 승리를 거둔다는 결말이었지.

버펄로 빌과 손잡은 인디언들은 대부분 인디언 보호 구역 생활에서 벗어나 돈을 벌기 위해 그 길을 택했단다. 하지만 시팅 불은 자기가 번 돈을 대부분 남에게 주었어. 버펄로 빌은 쇼를 더 극적으로 만들기 위해 인디언의 미개한 생활을 과장하곤 했어. 그러면서도 그는 항상 인디언을 정중하게 대했다고 해. 시팅 불은 버펄로 빌을 친구라고 불렀고, 그들이 나란히 서서 찍은 사진도 많이 남아 있단다.

그랜드 강

시팅 불은 공연을 하고 돌아오면, 자기가 태어난 그랜드 강 근처에 있는 오두막에서 지냈단다. 그는 수 족의 다음 세대는 글을 알아야 한다고 생각했기 때문에 아들들을 백인 학교에 보내기로 동의했지만, 여전히 '백인의 규칙'에 따라 사는 것은 거부했어. 그는 백인 문화에서 유익한 것만 받아들이고, 나머지는 내버려 두라고 부족민에게 충고했단다.

토지를 빼앗기다

1888년 미국 정부는 이주민을 위해 더 많은 땅이 필요해지자, 수 족의 인디언 보호 구역을 여섯 개의 작은 지역으로 나누기로 결정했단다. 시팅 불은 이것이 인디언 땅을 빼앗으려는 정부의 속임수라고 추장들을 설득했어. 그의 설득은 효과가 있었고, 정부 대리인들은 빈손으로 워싱턴에 돌아갈 수밖에 없었지. 하지만 인디언들은 더 많은 위협을 받고, 결국 땅을 팔 수밖에 없었단다. 결국 시팅 불의 인디언 보호 구역은 해체되고 말았지.

▶ 시팅 불은 '와일드 웨스트 쇼'에서 주인공을 맡았단다.

"그게 시팅 불의 마지막이었나요?" 디그비가 물었다.

"그렇지는 않아." 러미지 할아버지가 대답했다. "인디언 보호 구역이 해체되고 1년쯤 뒤 '키킹 베어'라는 수족 인디언이 시팅 불을 찾아와서, '유령 춤'이라는 춤을 가르쳐 준 '워보카'라는 지도자에 대해 말해 주었어."

"유령 춤이 뭐예요? 유령이 나오는 으스스한 춤인가요?" 디그비가 물었다.

"유령 춤은 종교 의식이란다. 워보카는 자기가 그만하면 됐다고 말할 때까지 계속 빙글빙글 돌면서 춤을 추라고 추종자들한테 말했어. 춤이 끝나면 워보카는 그 의미를 말해 주었지."

"좀 섬뜩하게 들리는데요." 한나가 말했다.

"미국 정부는 그걸 위험하다고 생각했어. 유령 춤이 실제로는 전쟁터에 나갈 때 추는 전쟁 춤이라고 생각한 거야. 어쨌든 워보카는 어느 날 싱싱한 풀이 평원에 돋아나면 수많은 들소들이 떼를 지어 몰려올 것이고, 그때는 전투에서 죽은 전사들이 일어나 살아 있는 인디언들과 합류할 거라고 말했어. 또 워보카는 인디언이 자기네 땅을 되찾고 백인은 사라질 거라고 예언했단다."

"하지만 그런 말을 누가 믿겠어요?" 한나가 말했다.

"평원 인디언들은 대부분 그 말을 믿었어. 자유와 전통적인 생활 방식을 잃은 그들에게 그것은 희망을 의미했지." 러미지 할아버지가 말했다.

"하지만 미국 정부는 겁을 먹었을 거야. 특히 시팅 불이 관련된 것을 알았을 때는……." 카벙클 대령이 덧붙여 말했다. "하지만 그건 시팅 불한테 별로 도움이 되지 않았어. 전설에 따르면 늙은 추장은 마지막 환상을 보았대. 종달새의 노래와 관련된 환상인데, 몇 년 전에 시팅 불은 종달새가 자기한테 이렇게 말하는 꿈을 꾸었어. '네 부족이 너를 죽일 것이다.' 이 불길한 예언은 결국 맞았단다."

 # 유령 춤

미국인들은 유령 춤이 새로운 인디언 봉기를 일으킬지 모른다고 두려워했단다. 워보카는 변화를 일으키기 위해 어떤 폭력도 쓰지 않겠다고, 유령 춤이면 충분하다고 말했지만, 미국인들은 그것을 이해하지 못했어. 그들은 시팅 불이 관련되어 있다는 말을 듣자, 인디언 경찰을 보내 시팅 불을 체포하기로 결정했단다.

1890년 12월 15일 마흔세 명의 인디언 경찰이 시팅 불의 오두막을 에워쌌어. 불헤드라는 부서장이 오두막 안에 들어가 추장에게 동행을 요구했지. 시팅 불이 밖으로 나오자, 유령 춤에 참가한 사람들이 많이 모여 있었어. 그 중 한 사람이 가지 말라고 소리쳤고, 시팅 불은 망설였단다. 경찰들은 시팅 불을 끌고 가기 시작했어. 그때 총성한 방이 울려 퍼졌고, 이어서 또다시 총성이 울렸단다. 총알이 시팅 불의 머리를 뚫고 지나갔어. 인디언 경찰이 시팅 불의 머리에 총을 쏜 거야. 종달새의 예언은 이렇게 실현되었단다.

운디드 니

수 족의 결정적인 패배는 운디드 니에서 일어났단다. 1890년 12월 28일 약 삼백 명의 수 족이 미군에게 학살당했지. 죽은 사람들 중에는 여자와 아이들도 많이 포함되어 있었단다.

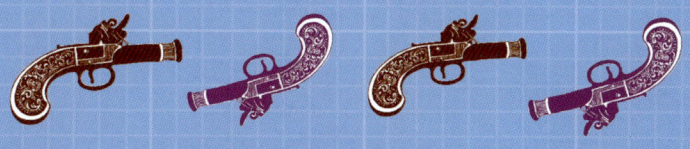

누구의 책임인가?

일부 신문은 인디언을 어떻게 다룰 것인가에 대해 정부와 인디언 감독관이 비밀 협정을 맺은 것을 시팅 불이 알았기 때문에 살해되었다고 보도했단다. 어쨌든 인디언 경찰이 그를 죽였기 때문에, 정부에서는 시팅 불의 죽음에 책임이 있는 것은 정부가 아니라 인디언 자신이라고 주장할 수 있었어.

▲ 유령 춤 의상이란다.

"**정**말 슬퍼요. 시팅 불을 따르던 부족은 집도 잃었고, 전통적인 생활 방식도 영원히 사라졌어요." 한나가 말했다.

"끔찍한 비극이지." 러미지 할아버지가 말했다. "겨우 몇 년 사이에 수 족은 다른 부족들과 함께 거의 전멸하다시피 했단다."

"미군이 더 제멋대로 했다면, 인디언 부족은 모조리 죽었을 거야." 카벙클 대령이 소리를 질렀다.

"하지만 인디언은 지금도 남아 있잖아요?" 디그비가 물었다.

"그래. 시간은 걸렸지만, 인디언은 차츰 뭉쳐서 다시 한 번 진정한 부족으로 되살아났지. 수 족이 좋은 본보기야." 러미지 할아버지가 말했다.

"이로쿼이 족도 잊으면 안 돼. 그들도 살아남았어. 사실 많은 부족이 불법적으로 빼앗긴 땅을 되찾고 있단다." 카벙클 대령이 덧붙였다.

"저는 인디언의 종교 의식을 볼 때마다 이 손도끼를 휘두르면서 태양 춤을 출 수 있을 거예요." 디그비가 전쟁 모자를 쓰면서 말했다.

"넌 틀림없이 그럴 거다." 러미지 할아버지가 빙긋 웃으면서 말했다.

그러자 한나가 말했다.

"가자, 차 마실 시간까지 집에 가지 않으면 누군가 혼쭐이 날 거야. 물론 그게 나는 아니겠지만……."

추장의 죽음

시팅 불은 노스다코타 주의 예이츠 요새에 묻혔어. 그를 떠나보내는 부족의 노래도 없고 엄숙한 의식도 없었지. 하지만 그는 오늘날에도 용감한 전사일 뿐만 아니라 위대하고 감동적인 지도자로 기억되고 있단다. 그는 미군의 요구에 절대로 굴복하지 않았고, 미국 정부의 약속을 믿으면 안 된다는 것도 알았어. 그는 수 족에게 추장 중의 추장으로 존경을 받았고, 자기 부족인 훙크파파 족을 최대한 신중하고 조심스럽게 이끌었지. 그가 미군에 투항한 것은 단지 부족민의 굶주림과 가난 때문이었어. 그는 미국 군대에 항복한 마지막 수 족 전사였단다.

시팅 불이 한 말

"내가 어렸을 때,
수 족은 세계를 가지고 있었단다.
해는 수 족의 땅에서 뜨고 졌단다.
수 족은 1만 명을 전쟁터에 내보냈단다.
그 전사들은 오늘 어디에 있는가?
누가 그들을 죽였는가?
우리 땅은 어디에 있는가?
누가 우리 땅을 가지고 있는가?"

시팅 불의 어록

시팅 불의 지혜는 평생 동안 그가 한 많은 말을 통해 눈부시게 빛났다. 이 위대한 추장의 어록 가운데 유명한 것들을 소개하면 다음과 같다.

"위대한 정령이 내가 백인이 되기를 바랐다면 애당초 나를 백인으로 만들었을 것이다. 위대한 정령은 너희 백인 가슴속에 어떤 소망과 계획을 넣어 주셨고, 내 가슴속에는 다른 소망을 넣어 주셨다. 독수리가 까마귀가 될 필요는 없다."

"나는 위대한 정령의 뜻에 따라 여기에 존재하고, 위대한 정령의 뜻에 따라 추장이 되었다."

"어렸을 때 나는 많은 것을 배우고 싶었고, 하고 싶었다. 그래서 나는 빨리 배웠다."

"사람은 위대한 정령의 눈으로 보면 누구나 신하다."

"우리는 가난하므로 자유롭다. 어떤 백인도 우리 걸음을 통제하지 않는다. 우리가 죽어야 한다면 우리의 권리를 지키면서 죽겠다."

"어떤 백인이 내가 술에 취한 것을 본 적이 있는가? 나를 찾아온 사람이 음식을 대접받지 못하고 떠난 적이 있는가? 내가 아내를 때리거나 아이들을 학대하는 것을 본 사람이 있는가? 내가 어떤 법을 어긴 적이 있는가?"

"내가 나 자신을 사랑하는 게 잘못인가? 내 피부가 붉기 때문에, 내가 수 족이기 때문에, 내가 아버지가 살던 곳에서 태어났기 때문에, 내가 내 부족과 내 나라를 위해 기꺼이 죽을 것이기 때문에 내가 사악한가? 신이 나를 인디언으로 만드셨다."

어휘 사전

- **개척자** : 어떤 일을 처음 시작해서 새로운 길을 열어 나간 사람을 말해요.
- **거수경례** : 오른손을 들어 올려서 하는 경례예요. 손바닥을 곧게 펴서, 모자를 썼을 때는 손끝을 모자 챙 옆까지, 쓰지 않았을 때는 눈썹 언저리까지 올려요. 주로 군복이나 제복을 입은 사람들이 해요.
- **고문** : 어떤 분야에 대하여 전문적인 지식과 풍부한 경험을 가지고 자문에 응하여 의견을 제시하고 조언을 하는 사람이에요.
- **기병대** : 말을 타고 싸우는 병사들이 포함된 부대를 말해요.
- **명성** : 세상에 이름이 널리 알려진 것을 말해요.
- **무아지경** : 정신이 한곳에 온통 쏠려 스스로를 잊고 있는 상태를 말해요.
- **백색증** : 흔히 유전적으로 동물의 피부나 모발, 눈 따위에 색소가 생기지 않는 현상이에요.
- **봉기** : 나라에서 하는 일에 불만을 품은 사람들이 큰 난리를 일으키는 것을 말해요.
- **설피** : 산간 지대에서, 눈에 빠지지 않도록 신 바닥에 대는 넓적한 덧신인데 칡, 노, 새끼 따위로 얽어서 만들어요.
- **영유권** : 일정한 영토에 대해 국가가 맡아 살피는 권리를 말해요.
- **요새** : 적의 공격에 잘 견디려고 튼튼하게 지은 군사 시설을 말해요.
- **추장** : 원시 사회에서 한 부족이나 마을의 우두머리를 말해요.

찾아보기

골드러시 23
그랜드 강 13, 35
블랙 힐스 22, 23, 29, 33
빅혼 산맥 28
옐로스톤 강 20
인디언 보호 구역 17, 23, 24, 26, 28, 29, 32, 33, 34, 35, 36
와일드 웨스트 쇼 34, 35

풀록 아저씨
아저씨의 장난감 가게에는 꼭두각시 인형과 흔들 목마, 장난감 비행기, 목각 동물 인형 등이 가득하다. 모두 아저씨가 손수 만든 것들이다.

프루
한나의 가장 친한 친구로 자기만의 생각에 빠질 때가 많다. 특히 분장하고 옷 갈아입는 걸 좋아해서 그런 일이 생기면 졸졸 따라다닌다.

켄조
이발사이며 다양한 옷차림에 어울리는 가발을 많이 갖고 있다. 이발 가위를 즐겨 사용한다.

버즈
마을의 온갖 소문을 알고 있다. 목에 건 나무 상자에 사탕과 빵을 담아서 길거리를 돌아다니며 판다.

새프런
예쁜 천막 밑에 이국적인 향신료 가게를 차려 놓고 냄비와 프라이팬, 허브, 향신료, 기름, 비누, 염료 따위를 판다.

빌지 부인
손수레를 밀고 시장을 돌아다니면서 쓰레기를 줍는다. 문제는 러미지 할아버지의 가게에 있는 물건을 쓰레기로 알고 내다 버린다는 것이다.

클럼프머거
희귀한 책들을 파는 서점 주인이다. 가게에는 옛 지도와 먼지 쌓인 책과 낡은 신문들이 가득하다.

제이크
디그비의 친구. 상상력이 뛰어나고, 언제나 짓궂은 장난을 칠 생각만 한다.

크리시
중고 옷가게 주인이다. 디그비와 한나가 러미지 할아버지의 이야기에 나오는 인물들을 연기할 때 필요한 옷들을 빌려 준다.

픽시
점쟁이 아가씨. 특이한 천막 안에서 향과 양초, 바르는 물약과 먹는 물약, 수정 구슬을 판다.

유세프
전 세계를 두루 여행했다. 흥미진진한 여행을 추억할 수 있는 기념품들이 가방 하나에 가득하다.

역사와 교양이 살아 있는 제대로 된 인물 이야기

그레이트 피플

★ 풍부한 역사적 사건과 문화, 예술, 관련 인물이 담긴 **역사 교양책!**

★ 러미지 만물상과 황학동 만물 시장을 배경으로 펼쳐지는 재미있는 **캐릭터 동화!**

★ 인물의 업적 뿐 아니라 진솔한 인간적 모습, 가치까지 전하는 **제대로 된 인물이야기!**

★ 시대상을 보여주고 이해력을 돕는, 사진과 그림이 풍부한 **지식 정보 그림책!**

1 레오나르도 다빈치의 팔레트 · 2 마틴 루서 킹의 마이크 · 3 클레오파트라의 동전 · 4 콜럼버스의 지도 · 5 모차르트의 가발
6 닐 암스트롱의 월석 · 7 마르코 폴로의 비단 지갑 · 8 셰익스피어의 깃털 펜 · 9 시팅 불의 손도끼 · 10 나폴레옹의 모자
11 알렉산더 대왕의 시집 · 12 갈릴레이의 망원경 · 13 간디의 안경 · 14 율리우스 카이사르의 샌들 · 15 스콧 선장의 스키
16 라이트 형제의 글라이더 · 17 바르바로사의 보물 상자 · 18 마더 테레사의 자선냄비 · 19 쿡 선장의 부메랑
20 빅토리아 여왕의 다이아몬드 · 21 방정환의 잡지 · 22 스티브 잡스의 컴퓨터 · 23 넬슨 만델라의 바지
24 나비박사 석주명의 포충망 · 25 신사임당의 쟁반 · 26 김수환 추기경의 탁상시계 · 27 세종 대왕의 목욕 수건
28 백남준의 텔레비전 · 29 장영실의 해시계 · 30 허준의 약탕기 · 31 정약용의 편지 · 32 김홍도의 물감
33 반기문의 영어 잡지 · 34 이중섭의 은종이 그림 · 35 정조의 밥상 · 36 김만덕의 가마솥 · 37 유관순의 태극기
38 안중근의 권총 · 39 장보고의 청자 찻잔 · 40 안창호의 여권